21DÍAS
EN LAS ORACIONES DEL
LIBRO DE LOS HECHOS

VOLÚMEN I

21 Días en las Oraciones del Libro de Los Hechos | Volúmen I : Edición I 2015

Socios de Publicación:

Diseño y conceptualización gráfica:
F. Gabriel Rodríguez | 787 613 6070 | fgrbcreation@gmail.com

Caribbean Office & Print | Alfie Flores | 939 644 0400 | alfieflores@gmail.com

INTRODUCCIÓN
"La historia pertenece a los intercesores"
- Apóstol Dr. Rafael Osorio

Hemos tomado los primeros 16 capítulos del libro de los Hechos encontrado en ellos la vitalidad de la agenda de oración de la iglesia incipiente. En 16 capítulos, en una revisión sencilla y devocional del texto, hemos hallado 20 instancias de oración y/o fenómenos relacionados a ella. Esto simplemente nos da un mensaje: *"La oración es imprescindible para una iglesia poderosa"*.

A partir del capítulo 17 el texto de Lucas se concentra en el ministerio apostólico en propiedad de Pablo y su camino a Roma donde encontrará la muerte por el martirio. Sin embargo, el ahínco con el que Pablo asume su llamamiento a edificar la iglesia de Jesucristo como apóstol es admirable[1].

Estas meditaciones surgieron de mi lectura devocional. El Señor me dio instrucciones para leer el libro de los Hechos y utilizar como criterio de exégesis o estudio: la vida de oración de esta iglesia. Con estas preguntas el Espíritu Santo me hizo interrogar el libro:

---

[1] Puede encontrar una reseña de la biografía del apóstol Pablo, de su conversión y ministerio en mi libro El Poder del Enfoque.

3

- ¿Por qué esta gente ora?
- ¿Cuál es la agenda de oración de esta iglesia?
- ¿Qué la motiva?

Y por último, el Espíritu me interpeló directamente con esta interrogante,

- Edwin: ¿Se parece a la tuya o la de tu iglesia?

Y el fruto de ellas es lo que usted se apresta a leer. Durante 21 días las compartimos como meditación diaria mientras predicábamos sobre este maravilloso libro, Hechos de los Apóstoles. Nos sirvieron como agenda de oración y fueron acompañadas también de 21 días de ayuno, vigilia y diversos grupos de la iglesia orando simultáneamente a favor de nuestro proyecto de aniversario.

¡Vimos la gloria de Dios! Creemos que todavía la Palabra de Dios es viva y eficaz. Que es un tesoro inagotable de sabiduría y revelación para aquellos(as) que están buscando al Dios verdadero.

Creemos que todavía esa agenda de oración está vigente para su iglesia. Que Dios quiere facultarnos mediante su Espíritu para orar como conviene y sobre lo que hay en su corazón para que se manifieste en la tierra.

Le invito a que pueda utilizar estas reflexiones como parte de su devocional en los próximos 21 días y estudie afondo los capítulos mencionados. Sé y tengo la certeza en mi espíritu que algo extraordinario y poderoso usted recibirá de parte de Dios.

Permita el Señor que su agenda de oración y su iglesia sean fortalecidas en su oración como lo hemos visto en el libro de los Hechos de los Apóstoles.

¡Bendecidos!

Pastor Edwin Rivera Manso

El Aposento Alto: La oración que persevera hasta alcanzar la promesa.

¹⁴ Todos éstos perseveraban unánimes en oración y ruego, con las mujeres, y con María la madre de Jesús, y con sus hermanos.

¹⁵ En aquellos días Pedro se levantó en medio de los hermanos (y los reunidos eran como ciento veinte en número),

La iglesia apostólica de los Hechos comienza con una impartición sobrenatural en el aposento alto. El dato de que 120 fueron los que alcanzaron la promesa es significativa. Según las crónicas de Pablo, fueron 500 los que testificaron de la ascensión (1 Corintios 15), pero solo estos 120 recibieron la impartición. Yo quiero ser de los que persevera y de los que alcanza.

Me pregunto: ¿Qué habrá sucedido con los 380 testigos restantes? Salvo el caso de muerte, presumo que muchos se desanimaron. Otros los afanes diarios, la negatividad, la impasividad no les permitieron esperar. Les faltó el tesón, el arrojo y la fe para perseverar por la promesa del derramamiento del Espíritu. Fueron de corta duración.

Te pregunto para que reflexiones: ¿Tu oración persevera? ¿O es de corta duración? ¡Que sea perseverante!

Oramos hoy: por una iglesia de santos fieles y perseverantes. Que no seamos como aquellas vírgenes fatuas que no haciendo provisión para esperar al Amado, les tomó su venida desapercibidas. Que nos mantengamos firmes, sin fluctuar en la esperanza de su próxima venida, que será gloriosa y definitiva. En el nombre de Jesús, Amén.

La oración hecha para seleccionar a un apóstol.

²³ Y señalaron a dos: a José, llamado Barsabás, que tenía por sobrenombre Justo, y a Matías.

²⁴ Y orando, dijeron: Tú, Señor, que conoces los corazones de todos, muestra cuál de estos dos has escogido,

²⁵ para que tome la parte de este ministerio y apostolado, de que cayó Judas por transgresión, para irse a su propio lugar.

Los apóstoles oraron para seleccionar quien sería el sucesor del ministerio trunco de Judas. ¡Con que pasión oran para que el Señor escudriñe y muestre los corazones de aquel que tomaría parte tan protagonista de la obra! De la misma manera queremos que todo aquel o aquella que tome parte de la obra, tenga el corazón indicado para realizar la voluntad de El que nos envió.

Oramos hoy: por los ministerios establecidos en la Palabra para la edificación del cuerpo de Cristo. Oramos por aquellos(as) llamados(as) a edificar su iglesia: apóstoles, profetas, evangelistas, pastores y maestros, así como también todos los dones y ministerios activos en su cuerpo, a fin de perfeccionar a los santos para toda buena obra. Que sean hombres y mujeres movidos por el mismo Espíritu, esparcidos por todas las naciones para que así avance el Reino de Dios y su Justicia. En el nombre de Jesús, Amén.

La oración para recibir un Pentecostés *(Avivamiento del Espíritu Santo).*

La venida del Espíritu Santo
2 Cuando llegó el día de Pentecostés, estaban todos unánimes juntos.

² Y de repente vino del cielo un estruendo como de un viento recio que soplaba, el cual llenó toda la casa donde estaban sentados;

³ y se les aparecieron lenguas repartidas, como de fuego, asentándose sobre cada uno de ellos.

⁴ Y fueron todos llenos del Espíritu Santo, y comenzaron a hablar en otras lenguas, según el Espíritu les daba que hablasen.

Jesús les dijo a sus discípulos que permanecieran fieles, que si él se fuere enviaría a un gran Consolador. Pentecostés, es la confirmación e investidura de poder de la Iglesia victoriosa del Cristo Resucitado. Esa comunidad ansiaba un verdadero avivamiento. ¡Cuán imperioso se nos hace en estos tiempos dificultosos!

Oramos hoy: para que *"unánimes y juntos"* recibamos un pentecostés genuino, que nos catapulte a realizar nuestra misión. Que la Iglesia de Jesucristo esparcida sobre la faz de la tierra reciba un tiempo de impartición para impulsarnos con más poder a cumplir nuestra obra en las naciones. En el nombre de Jesús, Amén.

La oración como el motor y poder invisible tras la predicación poderosa de los apóstoles y como elemento distintivo de esa comunidad de fe.

[41] Así que, los que recibieron su palabra fueron bautizados; y se añadieron aquel día como tres mil personas.

[42] Y perseveraban en la doctrina de los apóstoles, en la comunión unos con otros, en el partimiento del pan y en las oraciones.

La oración de la iglesia primitiva era el motor tras la impartición de poder que experimentaban. El denuedo de Pedro, la pasión de su mensaje fueron factores, pero no la explicación total de una cosecha de almas tan sobrenatural. Aquellos discípulos habían estado sumergidos en una experiencia de oración profunda. La oración es la bugía y el catalítico de una iglesia poderosa.

Oramos hoy: para ser una iglesia que persevera en la oración y que es capaz de mantenernos en la doctrina de los apóstoles (la Escritura), la koinoía, la eucaristía, pero sobre todo en la oración. Que la Iglesia de Jesucristo esparcida sobre la faz de la tierra pueda sostenerse en estos pilares esenciales a nuestra vida de fe. En el nombre de Jesús, Amén.

Una rutina de oración como causa de poder.

3 Pedro y Juan subían juntos al templo a la hora novena, la de la oración.

Según una antigua costumbre griega y romana, tanto el día como la noche estaban divididos en cuatro partes, cada una compuesta de tres horas. La última hora de cada división daba su nombre al respectivo cuarto de jornada. La tercera división (desde el mediodía hasta alrededor de las 3) fue llamada Nona (En latín Nonus, nona, novena).

Esta división del día también se utilizaba entre los judíos, de quien la Iglesia la tomó prestada. Los siguientes textos, por otra parte, favorecen este punto de vista: "Pedro y Juan subieron al templo a la hora novena de oración" (Hechos 3:1); "Entonces Cornelio dijo: Hace cuatro días, a esta hora, yo estaba orando en mi casa, a la hora de la nona, y he aquí que un varón se puso delante de mí" (Hechos 10:30), "Pedro subió a las partes más altas de la casa a orar, sobre la hora sexta"(Hechos 10:9).

El testimonio más antiguo se refiere a esta costumbre de la Tercia, Sexta y Nona, por ejemplo, Tertuliano, Clemente de Alejandría, los Cánones de Hipólito e, incluso la "Didajé" ("La enseñanza de los Apóstoles"). Éste último

13

prescribe orar tres veces al día, pero sin fijar las horas.

Te pregunto para que reflexiones, ¿Cómo está tu hora Nona? ¿Hay algún momento del día que tienes provisto para la oración? En la agenda de la iglesia apostólica este asunto era vital. Pedro y Juan rumbo a su tiempo de oración son usados por Dios poderosamente para sanar aquel hombre postrado por una terrible enfermedad. No es casualidad que quienes intiman con Dios en la oración demuestra una fe inquebrantable y una vida llena de poder.

Oramos hoy: para que tengamos a diario nuestra hora nona, nuestro tiempo de oración. Y que la Iglesia de Jesucristo esparcida sobre la faz de la tierra experimente el peso sobrenatural de milagros, sanidades, provisión celeste, liberación, salvación de vidas en masa y una visitación gloriosa del Todopoderoso. En el nombre de Jesús, Amén.

Oración que pide *"Denuedo"* para hablar de la palabra.

²⁹ Y ahora, Señor, mira sus amenazas, y concede a tus siervos que con todo denuedo hablen tu palabra,

³⁰ mientras extiendes tu mano para que se hagan sanidades y señales y prodigios mediante el nombre de tu santo Hijo Jesús.

³¹ Cuando hubieron orado, el lugar en que estaban congregados tembló; y todos fueron llenos del Espíritu Santo, y hablaban con denuedo la palabra de Dios.

Esta oración se da tras la excarcelación de Pedro y Juan por el concilio judaico del Sanedrín, la misma institución que asesinó a Jesús. Y a pesar de que sus vidas corrían grave peligro, observemos cual es el foco de su oración. No era su seguridad personal o la guarda de su vida, lo que sería justo y necesario, anhelaban algo más. No es "ánimo" lo que piden, sino "denuedo", o sea, entereza de carácter, seguridad de espíritu y poder para enfrentar la adversidad MIENTRAS se predica la Palabra.

Denuedo es una palabra que acontece 10 veces en el Nuevo Testamento, y 7 de ellas ocurren en el libro de los Hechos de la iglesia apostólica. ¡Cuánto de él necesitamos hoy!

Oramos hoy: que seamos invadidos por ese denuedo santo para no avergonzarnos de hablar Tu Palabra no importa cuál sea nuestra situación o consecuencias. Permite que la Iglesia de Jesucristo esparcida sobre la faz de la tierra sea impartida con una conciencia de denuedo espiritual para vivir su realidad de vida con arrojo, valentía y fe. En el nombre de Jesús, Amén.

Oración por la selección de la Diaconía *(servidores de la casa).*

³ Buscad, pues, hermanos, de entre vosotros a siete varones de buen testimonio, llenos del Espíritu Santo y de sabiduría, a quienes encarguemos de este trabajo.

⁴ Y nosotros persistiremos en la oración y en el ministerio de la palabra.

Para que los apóstoles pudiesen persistir en el ministerio de la palabra y la oración, tenían que ser posicionados hombres llenos del Espíritu Santo para atender otras faenas de la vida congregacional. Hoy, los hombres y mujeres que Dios llama el ministerio nos es urgente que posean esta conciencia. Es de vital importancia que los pastores(as) puedan tener espacio en su faena para intimar con Dios y traer revelación, pasto fresco como alimento al rebaño de la misma mano de Dios. Y esto se logra persistiendo por encima de todo otro afán ministerial, en la lectura de Su Palabra y buscando la intimidad del Señor de la viña, en cuya viña trabajamos.

Oramos hoy: que las iglesias puedan discernir la importancia de que sus líderes espirituales puedan atender las faenas y avocarse a la obra más importante, la centralidad en la Escritura y la vida de oración. Que sean levantados al lado de cada hombre y mujer de Dios con la pasión diaconal de poder servir en la obra para que los pastores(as) del rebaño siempre puedan persistir en buscar el más preciado tiempo, el de estar a solas con Dios. Te rogamos que los afanes de la tarea no ahoguen el ministerio de la Palabra y la oración en la Iglesia de Jesucristo esparcida sobre la faz de la tierra. En el nombre de Jesús, Amén.

Oración como fortaleza ante la persecución y prueba a causa del Evangelio.

⁵⁹ Y apedreaban a Esteban, mientras él invocaba y decía: Señor Jesús, recibe mi espíritu.

⁶⁰ Y puesto de rodillas, clamó a gran voz: Señor, no les tomes en cuenta este pecado. Y habiendo dicho esto, durmió.

Vivimos tiempos de cuestionamiento y persecución al Evangelio. Las noticias de la persecución de creyentes que pagan con su vida su fe en Cristo nos llegan de diversas partes del globo. Ha sido dramática la publicación de las fotos de las violaciones, ahorcamientos, decapitaciones y asesinatos masivos aun de niños de familias cristianas por organizaciones terroristas islámicas en Iraq y Siria. En nuestro contexto social ser creyente no implica jugarse la vida como en estos contextos de persecución. Aun así, nuestra oración debe ser para que su fe no falte, que alivio y respiro llegue; y que la *"sangre de los mártires sea semilla de cristianos"* como confesara Tertuliano, de los padres y apologistas del segundo siglo de la iglesia cristiana.

Oramos hoy: para que la fortaleza de la fe demostrada por el mártir Esteban aun en su momento de inmolación, no falte a la iglesia perseguida. Que la Iglesia de Jesucristo esparcida sobre la faz de la tierra pueda desarrollar una fe tan vigorosa como la que nuestros apóstoles mostraron. Y que en nuestra tierra la fe cristiana sea fortalecida de tal manera, que si tuviésemos que dar nuestra vida por nuestras convicciones cristianas, no haya duda en nuestro corazón de que veremos a Dios en nuestra hora de noche oscura del alma, contemplando al propio Jesús, como lo vio Esteban. En el nombre de Jesús, Amén.

Oración para ser usados y traer mensaje de revelación sobrenatural.

Felipe y el etíope

²⁶ Un ángel del Señor habló a Felipe, diciendo: Levántate y ve hacia el sur, por el camino que desciende de Jerusalén a Gaza, el cual es desierto.

³⁹ Cuando subieron del agua, el Espíritu del Señor arrebató a Felipe; y el eunuco no le vio más, y siguió gozoso su camino.

Esta historia nos presenta el momento en que Felipe es llevado por el Espíritu Santo de manera sobrenatural para traer revelación de la Palabra a un eunuco, funcionario de Candase de Etiopia. Leyendo un royo del Antiguo Testamento de Isaías acerca del Mesías, no entiende lo que lee. Esto resulta interesante, tiene en su mano una porción reveladora de la muerte del Salvador para expiación de nuestros pecados (Isaías 53 es la porción que lleva en el rollo) y no sabe cómo ser salvo. ¡Cuántas personas viven así! Con el deseo de conocer a un Dios vivo y de salvación urgiendo por un Felipe que traiga revelación.

Oramos hoy: para que el Señor active a una generación de Felipes que sean usados por el Espíritu de manera sobrenatural para traer a otros(as) revelación de la Palabra. Te rogamos que se activen los Felipes y las Felipas en la Iglesia de Jesucristo esparcida sobre la faz de la tierra para ser usados en llevar revelación de Su Palabra a la comunidad e invitar a otros a que reciban el mensaje de salvación. En el nombre de Jesús, Amén.

Oración que abre los ojos del perdido y asigna ministerios de gloria.

¹¹ Y el Señor le dijo: Levántate, y ve a la calle que se llama Derecha, y busca en casa de Judas a uno llamado Saulo, de Tarso; porque he aquí, él ora,

¹² y ha visto en visión a un varón llamado Ananías, que entra y le pone las manos encima para que recobre la vista.

¹⁵ El Señor le dijo: Ve, porque instrumento escogido me es éste, para llevar mi nombre en presencia de los gentiles, y de reyes, y de los hijos de Israel;

¹⁶ porque yo le mostraré cuánto le es necesario padecer por mi nombre.

Ananías recibe en un tiempo de oración una directriz precisa de Dios. Debía moverse a sanar la vista y entregar una palabra profética a un hombre llamado Saulo, de la ciudad de Tarso. El problema es que Saulo, es un temido sicario del judaísmo que mata y encarcela a los seguidores de Cristo. ¡Cuánta incertidumbre habría en el corazón de Ananías para cumplir esta encomienda!

Hay un Saulo esperando por nosotros. Sus ojos deben ser abiertos para que caigan las escamas de la tiniebla espiritual que no permite que puedan contemplar su propósito y llamamiento en Dios.

Oramos hoy: para que Dios continúe impulsando e inquietando Ananías para abrir los ojos de los Saulo que serán los apóstoles y funcionarios del Reino de Dios en este tiempo. Que en la Iglesia de Jesucristo esparcida sobre la faz de la tierra sean cada vez más transformados hombres como lo fue Saulo de Tarso, mejor conocido hoy, no por su pasado sino por aquello que pudo llegar a ser gracias a la intervención de Dios, Pablo, apóstol del evangelio de Jesucristo. En el nombre de Jesús, Amén.

Oración por la operación de milagros.

⁴⁰ Entonces, sacando a todos, Pedro se puso de rodillas y oró; y volviéndose al cuerpo, dijo: Tabita, levántate. Y ella abrió los ojos, y al ver a Pedro, se incorporó.

⁴¹ Y él, dándole la mano, la levantó; entonces, llamando a los santos y a las viudas, la presentó viva.

⁴² Esto fue notorio en toda Jope, y muchos creyeron en el Señor.

⁴³ Y aconteció que se quedó muchos días en Jope en casa de un cierto Simón, curtidor.

El ministerio de los apóstoles en el libro de los Hechos se ve rodeado de grandes milagros. Jesús enseñó que señales sobrenaturales seguirían a los que en El creyesen y que mayores cosas de las que El hizo, sus seguidores harían. Dios es el mismo ayer, hoy y siempre. Y esa provisión sobrenatural está disponible para la iglesia del Señor Jesucristo hoy.

Creo que a veces no experimentamos más milagros en nuestras congregaciones, porque hemos dejado de orar por ellos. El naturalismo materialista (el universo es un cosmos cerrado donde todas las interacciones tienen que ser explicadas por causas y agentes naturales y no sobrenaturales) que es el paradigma imperante en la cosmovisión del hombre del siglo 21 nos ha afectado adversamente. Dios no es un Dios solamente inmanente, sino también trascendente. No solo es un Dios que opera en la naturaleza, sino que es sobrenatural.

Oramos hoy: para que Tu pueblo crea que lo sobrenatural de Dios opera en la iglesia hoy. Que hay una provisión de poder y milagros disponible en la vida de los creyentes. Que cada congregación de la Iglesia de Jesucristo esparcida sobre la faz de la tierra sea una zona de acción sobrenatural con sanidad, liberación, milagros, transformaciones para el beneficio de Tu Reino. En el nombre de Jesús, Amén.

La oración de la hora nona: La que recibe respuesta y favor apostólico.

³ Este vio claramente en una visión, como a la hora novena del día, que un ángel de Dios entraba donde él estaba, y le decía: Cornelio.

⁴ El, mirándole fijamente, y atemorizado, dijo: ¿Qué es, Señor? Y le dijo: Tus oraciones y tus limosnas han subido para memoria delante de Dios.

³⁰ Entonces Cornelio dijo: Hace cuatro días que a esta hora yo estaba en ayunas; y a la hora novena, mientras oraba en mi casa, vi que se puso delante de mí un varón con vestido resplandeciente,

³¹ y dijo: Cornelio, tu oración ha sido oída, y tus limosnas han sido recordadas delante de Dios.

Cornelio es un personaje magistral de la Escritura. Creo que no se ha dicho suficiente de él. Es un centurión romano, nacido en Italia, hombre de piedad y virtud. No solamente piadoso sino enormemente generoso. La vida, oración y ofrendas de Cornelio provocan una visión celestial y cambio de juicio en el apóstol Pedro. Su vida es capaz de mostrarle al Apóstol, que el Evangelio no era solo para los judíos, sino que el mismo, la salvación y la promesa del Espíritu Santo es para toda la humanidad.

Oramos hoy: porque cada creyente descubra el poder de separar diariamente su tiempo de oración. Que si hay poder en nuestras oraciones, alabanzas, servicio y congregarnos en la casa del Señor, también hay un poder en nuestros acto de adoración mediante nuestra ofrenda. Que la Iglesia de Jesucristo esparcida sobre la faz de la tierra se llene de creyentes con el aroma de santidad que destila este gran hombre de Dios llamado Cornelio. Que nuestras oraciones, rogativas y ofrendas traigan respuesta a nuestras oraciones, favor y gracia ante nuestras peticiones. En el nombre de Jesús, Amén.

La oración que recibe revelación espiritual para clarificar nuestra visión teológica.

⁹ Al día siguiente, mientras ellos iban por el camino y se acercaban a la ciudad, Pedro subió a la azotea para orar, cerca de la hora sexta.

¹⁰ Y tuvo gran hambre, y quiso comer; pero mientras le preparaban algo, le sobrevino un éxtasis;

¹¹ y vio el cielo abierto, y que descendía algo semejante a un gran lienzo, que atado de las cuatro puntas era bajado a la tierra;

¹² en el cual había de todos los cuadrúpedos terrestres y reptiles y aves del cielo.

¹³ Y le vino una voz: Levántate, Pedro, mata y come.

¹⁴ Entonces Pedro dijo: Señor, no; porque ninguna cosa común o inmunda he comido jamás.

¹⁵ Volvió la voz a él la segunda vez: Lo que Dios limpió, no lo llames tú común.

¹⁶ Esto se hizo tres veces; y aquel lienzo volvió a ser recogido en el cielo.

¹⁷ Y mientras Pedro estaba perplejo dentro de sí sobre lo que significaría la visión que había visto, he aquí los hombres que habían sido enviados por Cornelio, los cuales, preguntando por la casa de Simón, llegaron a la puerta.

La visión del lienzo celestial y los animales 'inmundos' que Pedro tiene en Jope sirvió para un propósito especial. La misma estaba dirigida a brindarle una pista sobre el mover de Dios y la iglesia gentil.

Dios reformaría la herencia recibida del judaísmo para hacerle saber que ahora el Señor añadiría a la salvación a aquellos(as) que recibieran a Jesús como Salvador por la fe y que la promesa del Espíritu Santo sería puesta sobre ellos. Que los preceptos de la Ley sirvieron como un "ayo" pero que ahora la plenitud de la revelación del Evangelio del Reino sería a través de Cristo a todos los pueblos y naciones de la tierra.

Esto costó muchas batallas en la iglesia incipiente y en los judíos conversos al cristianismo; no imponer la carga de la Ley al pueblo gentil porque ahora el pacto de la Gracia, sería medida única y suficiente.

Oramos hoy: para que recibamos como Pedro revelación de la Escritura que nos ayude a clarificar una visión del Evangelio: salvífica, cristocéntrica y transformadora que nos conduzca a crecer espiritualmente y a vivir cabalmente nuestra fe. Que la Iglesia de Jesucristo esparcida sobre la faz de la tierra experimente un tiempo de revelación y reforma sobre ideas limitantes tocante a nuestra fe. Que la religiosidad castrante sea echada fuera de nuestros medios y que su amor y maravillosa gracia nos ilumine. En el nombre de Jesús, Amén.

La instrucción profética en la Iglesia.

²⁶ Y se congregaron allí todo un año con la iglesia, y enseñaron a mucha gente; y a los discípulos se les llamó cristianos por primera vez en Antioquía.

²⁷ En aquellos días unos profetas descendieron de Jerusalén a Antioquía.

²⁸ Y levantándose uno de ellos, llamado Agabo, daba a entender por el Espíritu, que vendría una gran hambre en toda la tierra habitada; la cual sucedió en tiempo de Claudio.

²⁹ Entonces los discípulos, cada uno conforme a lo que tenía, determinaron enviar socorro a los hermanos que habitaban en Judea;

³⁰ lo cual en efecto hicieron, enviándolo a los ancianos por mano de Bernabé y de Saulo.

La comunidad de Antioquía es una de mis comunidades eclesiásticas predilectas del Nuevo Testamento. La misma surge por el empuje de hombres y mujeres que no enmudecieron su voz. Que no fue una planificación de la iglesia de Jerusalén, sino una obra del mismo Espíritu. Pablo y Bernabé son enviados durante un año a discipularla. Es este el primer lugar donde son llamados los creyentes en Cristo por primera vez 'Cristianos'.

Es interesante la función de los profetas que llegaron a aquel lugar. Reciben revelación del Espíritu de que una gran hambre se avecinaba. La cual se confirma como sucedida en el periodo imperial de Claudio.

Necesitamos en nuestras congregaciones voz profética. Esa palabra del cielo que dice a su iglesia con seguridad: *"Así te dice Dios"*. Que muestra, discierne, ubica, revela y apercibe.

Oramos hoy: que la Iglesia de Jesucristo esparcida sobre la faz de la tierra no pierda su voz profética. Que la voz del cielo se escuche en la tierra con hombres y mujeres de un ministerio profético: edificante, maduro y probado. En el nombre de Jesús, Amén.

La oración insistente que abre las cárceles.

⁴ Y habiéndole tomado preso, le puso en la cárcel, entregándole a cuatro grupos de cuatro soldados cada uno, para que le custodiasen; y se proponía sacarle al pueblo después de la pascua.

⁵ Así que Pedro estaba custodiado en la cárcel; pero la iglesia hacía sin cesar oración a Dios por él.

La Iglesia del libro de los Hechos desde sus inicios experimentó persecución. Jacobo, uno de los 12 apóstoles señalado por Jesucristo muere a espada por el designio de Herodes. Pedro es también capturado y puesto en la cárcel con el peligro de correr la misma suerte. Pero nos dice el versículo 5, que la iglesia de Jerusalén *"hacía sin cesar oración a Dios por él".*

El desenlace de esta historia es glorioso. Custodiado por cuatro grupos de soldados (16 hombres según se desprende del relato bíblico) y atado por dos cadenas (asumimos, de pies y manos) un ángel del Señor se presenta a liberarlo. Fue un acto tan milagroso y portentoso del Señor, que en mismo lugar donde estaban orando por él, al presentarse el propio apóstol Pedro, libre y sin cadenas, no creen que sea posible. Es más, la joven Rhode, no le abre la puerta inicialmente.

La iglesia tiene armas en su milicia que son poderosas y la oración es una de ellas. La oración insistente cambia las circunstancias, derriba puertas, rompe cadenas, pudre yugos y abre las puertas de la cárcel, ya sea física, mental o espiritual. Creo que necesitamos invitar a nuestros hermanos(as) a poder involucrarse en la oración como una disciplina continua, recurrente y práctica en sus vidas. Dios continúa buscando una iglesia capaz de pararse en la brecha a favor del pueblo y de la extensión del Reino de Dios.

Oramos hoy: para que la iglesia recupere su manto intercesor. Que continúe enseñando a un mundo convulso, la eficacia de la oración. Que en la Iglesia de Jesucristo esparcida sobre la faz de la tierra se recupere la pasión por los ejercicios espirituales: Ayuno, Vigilia, Retiro, Madrugada, Cadenas de oración, etc… que afirmen nuestras congregaciones y torne a nuestros fieles en guerreros de oración de carácter incesante. En el nombre de Jesús, Amén.

La oración que confecciona y activa la sinergia de equipos apostólicos.

Había entonces en la iglesia que estaba en Antioquía, profetas y maestros: Bernabé, Simón el que se llamaba Niger, Lucio de Cirene, Manaén el que se había criado junto con Herodes el tetrarca, y Saulo.

2 Ministrando éstos al Señor, y ayunando, dijo el Espíritu Santo: Apartadme a Bernabé y a Saulo para la obra a que los he llamado.

3 Entonces, habiendo ayunado y orado, les impusieron las manos y los despidieron.

¡Que iglesia tan excelente y ejemplar! La comunidad de Antioquía es un modelo de iglesia digno de emular. En ella se ven los dones ministeriales en acción. En ella hay profetas y maestros, que ayunan y oran. Que reciben revelación del Espíritu, sobre aquellos que han de ser aptos para la obra. Que ordenan y comisionan al ministerio a hombres consagrados, también en oración y ayuno.

Necesitamos que el ejemplo de Antioquía nos ilumine. Que la iglesia, como un cuerpo, con muchos miembros, pero bien concertados entre si y bajo la dirección del Espíritu Santo, sea el nivel operacional de Reino más elevado al que como cuerpo de Cristo debemos aspirar.

Oramos hoy: para que la iglesia pueda funcionar no por credenciales (que son buenas y necesarias), burocracia o legalismo, sino dirigidos por los oficios y las directrices del Espíritu para la iglesia. Que la Iglesia de Jesucristo esparcida sobre la faz de la tierra reciba discernimiento del Espíritu para identificar hombres y mujeres aptos para ser comisionados(as) y enviados(as), como Saulo y Bernabé lo fueron. En el nombre de Jesús, Amén.

La oración que da dirección a la agenda ministerial.

⁶ Y atravesando Frigia y la provincia de Galacia, les fue prohibido por el Espíritu Santo hablar la palabra en Asia;

⁷ y cuando llegaron a Misia, intentaron ir a Bitinia, pero el Espíritu no se lo permitió.

⁸ Y pasando junto a Misia, descendieron a Troas.

⁹ Y se le mostró a Pablo una visión de noche: un varón macedonio estaba en pie, rogándole y diciendo: Pasa a Macedonia y ayúdanos.

¹⁰ Cuando vio la visión, en seguida procuramos partir para Macedonia, dando por cierto que Dios nos llamaba para que les anunciásemos el evangelio.

La sintonía del ministerio apostólico de Pablo a la voz del Espíritu Santo es impresionante. Resulta irónico que sea el Espíritu quien les prohíba predicar la Palabra en repetidas ocasiones en Asia. Esta es una gran lección para nosotros como creyentes. Una puerta abierta no necesariamente significa que debemos entrar por ella. Sin embargo en el momento propicio, el Espíritu le mostró en oración a Pablo una visión, la cual indicaba el lugar seguro al que quería que se dirigieran.

Oramos hoy: para que la iglesia afine su oído a esta clase de dirección ministerial. Que sea el Espíritu quien dicte los planes de nuestra agenda y de nuestros proyectos. Que la Iglesia de Jesucristo esparcida sobre la faz de la tierra se aperciba de esa clase de revelación espiritual aguda y madura. Que no seamos engañados o turbados por los sentidos y las emociones sino en la claridad que ofrece el discernimiento del Espíritu. En el nombre de Jesús, Amén.

La oración que gana a la gente de influencia.

^{13} Y un día de reposo-salimos fuera de la puerta, junto al río, donde solía hacerse la oración; y sentándonos, hablamos a las mujeres que se habían reunido.

^{14} Entonces una mujer llamada Lidia, vendedora de púrpura, de la ciudad de Tiatira, que adoraba a Dios, estaba oyendo; y el Señor abrió el corazón de ella para que estuviese atenta a lo que Pablo decía.

La actividad del ministerio apostólico de Pablo es incansable. Cada entrada a una ciudad estaba dirigida a predicar el Evangelio del Reino de Dios, alcanzar creyentes, discipularles y dejar una comunidad cristiana establecida. Allí ganaron y discipularon a Lidia, *'vendedora de púrpura'*. Este detalle es importante. Por su oficio, Lidia debía haber sido una mujer muy, muy próspera. Ella comerciaba con la realeza del imperio romano. Lidia trabajaba las telas del púrpura utilizadas por la nobleza romana; telas finas, delicadas y costosas. Así que su conversión también trajo sus recursos y contactos al servicio y a favor del Reino.

Oramos hoy: para que nuestra palabra sea persuasiva y eficaz para también ganar para

Cristo a aquellos(as) que están en posiciones de influencia. Que nuestra oferta del Evangelio no sea una pastilla económica para aliviar cualquier mal, sino 'la' alternativa para cambiar nuestra vida para siempre. Que la Iglesia de Jesucristo esparcida sobre la faz de la tierra sea efectiva en ganar hombres y mujeres de recursos que están sedientos de la Palabra y solo necesitan a alguien que les predique y les hable del amor de Dios. En el nombre de Jesús, Amén.

La oración que resiste la oposición demoniaca.

[16] Aconteció que mientras íbamos a la oración, nos salió al encuentro una muchacha que tenía espíritu de adivinación, la cual daba gran ganancia a sus amos, adivinando.

El ministerio apostólico de Pablo muestra un respaldo divino extraordinario. Una esclava poseída por un espíritu de adivinación daba voces tras el Apóstol varios días trayendo distracción a la tarea de la predicación. En el poderoso nombre de Jesús, Pablo echa fuera a aquel demonio, sin resistencia alguna, aquella mujer fue libre de manera inmediata.

La oposición de las tinieblas es real e inclusive puede disfrazarse como la alabanza demoniaca surgida de la voz de aquella adivina. La sagacidad del Enemigo se muestra en que es capaz de pasar por 'ángel de luz' para traer palabras aparentemente celestiales. Cuantos ministros se han desviado de la luz y la verdad por la obra del reino de las tinieblas por esta operación tenebrosa y maligna.

Oramos hoy: para que la iglesia se investida de esa autoridad que enfrenta la actividad demoniaca y la hace huir en el nombre de Jesús. Que la Iglesia de Jesucristo esparcida sobre la faz de la tierra sature la atmósfera de SU presencia de forma tal que ningún poder demoniaco pueda resistir y tenga que salir de las vidas. Que haya liberación en el nombre de Jesús. Amén.

La oración que provoca terremotos.

²³ Después de haberles azotado mucho, los echaron en la cárcel, mandando al carcelero que los guardase con seguridad.

²⁴ El cual, recibido este mandato, los metió en el calabozo de más adentro, y les aseguró los pies en el cepo.

²⁵ Pero a medianoche, orando Pablo y Silas, cantaban himnos a Dios; y los presos los oían.

²⁶ Entonces sobrevino de repente un gran terremoto, de tal manera que los cimientos de la cárcel se sacudían; y al instante se abrieron todas las puertas, y las cadenas de todos se soltaron.

¡Que tenacidad la de Pablo y Silas! Luego de una azotaina provocada por hacer la voluntad de Dios en la ciudad de Filipo. Imagine el cuadro, los han colocado en las mazmorras de más adentro, en la zona más oscura y fétida de la prisión, su cuerpo está lleno de las heridas que una buena tunda con varas puede dejar; y aun en medio de esa tiniebla y tribulación de la noche más oscura estos dos servidores del Señor, nos cuenta el relato, comienzan a orar y a cantar himnos a Dios.

Su oración y alabanza es tan poderosa, que causa un terremoto que abre la puerta de la cárcel. La oración es un arma poderosa. A veces cuando oramos y alabamos a Dios pensamos que no está sucediendo nada, pero la oración y la alabanza trabajan en una esfera donde nuestros sentidos no operan, en lo espiritual. Tu oración puede causar un terremoto en tu situación, en tu casa, en tu matrimonio, en cualquier situación que te encarcele y en los principados que operan en el reino de las tinieblas.

Oramos hoy: para que la oración de los santos sea tan efectiva como la de Pablo y Silas en la prisión de Filipo. Que la Iglesia de Jesucristo esparcida sobre la faz de la tierra pueda formar creyentes con ese nivel de poder espiritual y esa dimensión de alabanza y oración. Que los quiciales de las cárceles sean rotas ante la alabanza de Sus santos. En el nombre de Jesús, Amén.

Hace 21 días usted se embarcó conmigo en esta aventura de oración. Hemos caminado y orado sobre algunas de las páginas del libro de los Hechos. No nos cabe la menor duda, tras el testimonio histórico de este libro, que necesitamos volver a ser y caminar por la senda de aquella iglesia apostólica. Me reafirmo: "La oración es imprescindible para una iglesia poderosa".

El Dr. Justo González, uno de los hombres a los cuales la iglesia latinoamericana y la iglesia en el mundo estará siempre en deuda por su vasta producción teológica a favor de la enseñanza del Evangelio, en su libro: ***"Tres meses en la escuela del Espíritu"*** señaló algo sorprendente sobre el libro de los Hechos. Para el teólogo el protagonista de la crónica de Lucas sobre el ministerio apostólico, no son los apóstoles, sino el Espíritu Santo. Si el Evangelio según San Lucas, es protagonizado por Cristo mismo en la selección de sus discípulos, las obras de su ministerio y su muerte redentora en la cruz, entonces el libro de los Hechos es un segundo volumen cuyo protagonista es el Espíritu Santo como ente director y formador de la Iglesia de Jesucristo.

Si usted estudia el libro de los Hechos con estos anteojos teológicos o con este criterio de exégesis que le acabo de dar, usted podrá ver como resaltan de sus páginas las actuaciones del Espíritu Santo de Dios, formando, dirigiendo, capacitando y orquestando la dirección de la agenda apostólica para construir la Iglesia. Nada más, preste atención al magno acontecimiento que abre el relato como su elemento propulsor, la celebración de Pentecostés. Es el derramamiento del Espíritu Santo con poder que hizo a los discípulos testigos hasta el fin de sus vidas, principalmente a los apóstoles. Es esa 'promesa' el elemento que concatena el cierre de los Evangelios y da inicio al periodo apostólico o la era de la Iglesia. Es este derramamiento quien hace nacer y manifestarse a esa iglesia intencionada desde la eternidad en la mente del Padre y amada por el Hijo.

Por eso la oración esta tan presente en este texto; ¿quién sino el Espíritu debe dirigir la actuación y la agenda de la iglesia? ¿Quién sino el Espíritu quien todo lo conoce y escudriña, aun lo profundo de Dios (1Co.2:10), debe dar directrices? La iglesia apostólica conocía de la importancia de la oración para poder realizar su misión en el mundo.

Necesitamos vitalidad en la agenda de oración de nuestras congregaciones. Creo que en esto radica una de las más grandes debilidades de la iglesia y de la cristiandad de hoy. Tenemos en occidente conocimiento, tecnología, recursos, capacitación teológica, pero hemos echado a un lado la efectividad de la oración. Si queremos iglesias de poder necesitamos oración, si queremos experimentar una iglesia que camine en los hechos de la iglesia apostólica del libro de los Hechos, necesitamos como ella, una amplia comunión con el Espíritu Santo de Dios.

Espero que estas reflexiones hayan servido al propósito de impulsar su búsqueda de Dios a través de la comunión de la oración y la lectura de la Palabra, un binomio insustituible para el crecimiento en la fe. Oremos para ser dirigidos por su Santo Espíritu para todo lo que tenemos por delante. Caminemos bajo la dirección del Espíritu, del amor del Hijo y la gracia del Padre imitando el ejemplo que nos legó la oración de la iglesia del libro de los Hechos.

MATERIALES QUE LLEVAN TU VIDA
A OTRO NIVEL

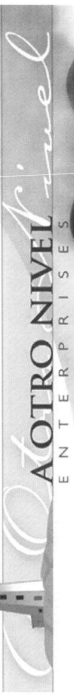

AOTRO NIVEL *nivel*

E N T E R P R I S E S

Resultados Positivos

> Aumenta la Productividad
> Mejora la Comunicación
> Incrementa la Motivación
> Unifica la Visión
> Resultados 100% Garantizados

www.aotronivel.com

Para Información: (787) 226 - 9283 Sr. Manuel Iguina, Coordinador Ejecutivo

CONFERENCIAS • SEMINARIOS • PERSONAL COACHING • TEAMBILDING

OTROS MATERIALES DE **IMPACTO**
DE LA RED APOSTÓLICA RENOVACIÓN

Made in the USA
Columbia, SC
08 September 2023

22609470R00030